# Kinderherd 1: einfach und clever

**Du brauchst:**
- 1 großen Pappkarton (Der Karton auf dem Foto hat die Maße 42 x 30 x 32 cm.)
- Klebstoff oder Heißkleber
- Schere und Cutter
- durchsichtiges Klebeband
- Lineal und Bleistift

Für die Lebensmittelverpackungen kannst du kleinere Kartons oder Verpackungen verwenden, die du zu Hause hast (z. B. Joghurtbecher, Eierkartons, Glühbirnen-Kartons etc.). Natürlich kannst du die Boxen mithilfe der Schablone hinten im Buch auch ganz einfach selbst basteln.
Tipp: Verwende dazu festen Karton!

# Schritt für Schritt zu deinem Kinderherd

- Für den Ofentürgriff schneidest du aus einem der beiden kleineren Seitenteile des Pappkartons einen schmalen Streifen aus (vgl. Abb.).

- Falte nun zuerst die kleinen, dann die großen Seitenteile nach innen und fixiere alles mit Klebeband.
- Klebe den Sticker für die Ofentür auf deinen Karton.

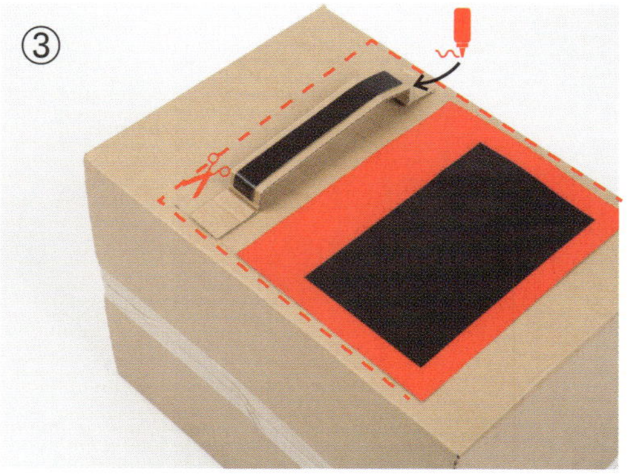


- Klebe den schwarzen Ofengriff-Sticker auf den von dir ausgeschnittenen Pappstreifen.
- Falte den Ofengriff, sodass du rechts und links zwei kleinere Flächen bekommst und klebe ihn über die Ofentür auf den Karton.
- Markiere den Umriss der Ofentür mit Bleistift und schneide vorsichtig mit dem Cutter nach (gestrichelte Linien in der Abb.).
- Jetzt kannst du die Tür öffnen.

- Klebe die Herdplatten-Sticker, die Drehknöpfe und die Küchenutensilien wie abgebildet auf den Karton.

- Wer möchte, dekoriert die Wand, vor der der Herd aufgestellt wird, mit dem geblümten Wandblende-Aufkleber.

**Tipp: Beim Ausschneiden und Kleben können dir die Erwachsenen helfen!**

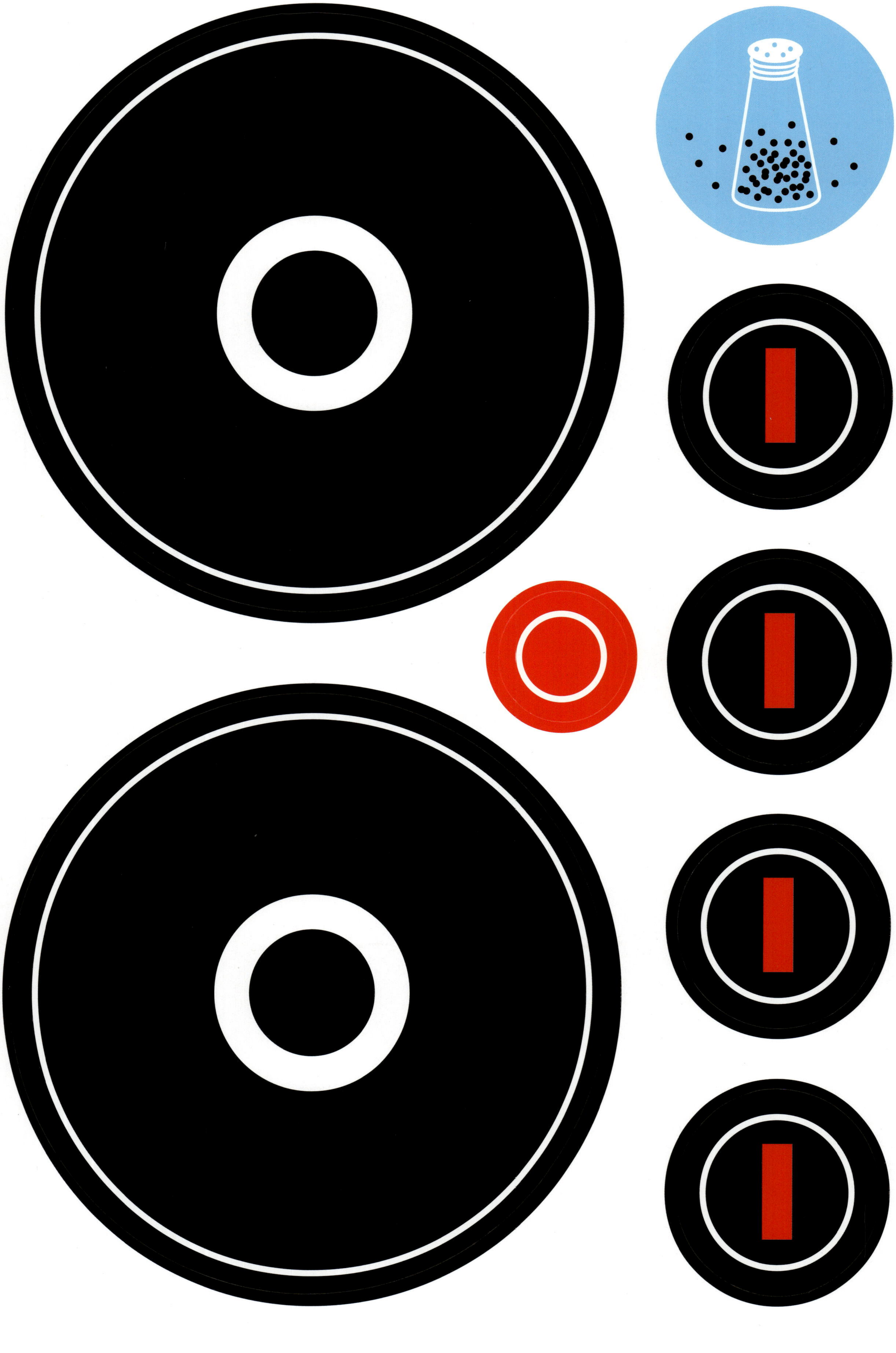

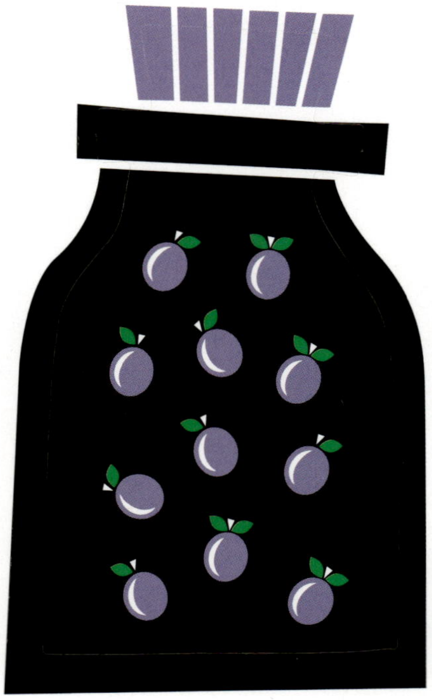

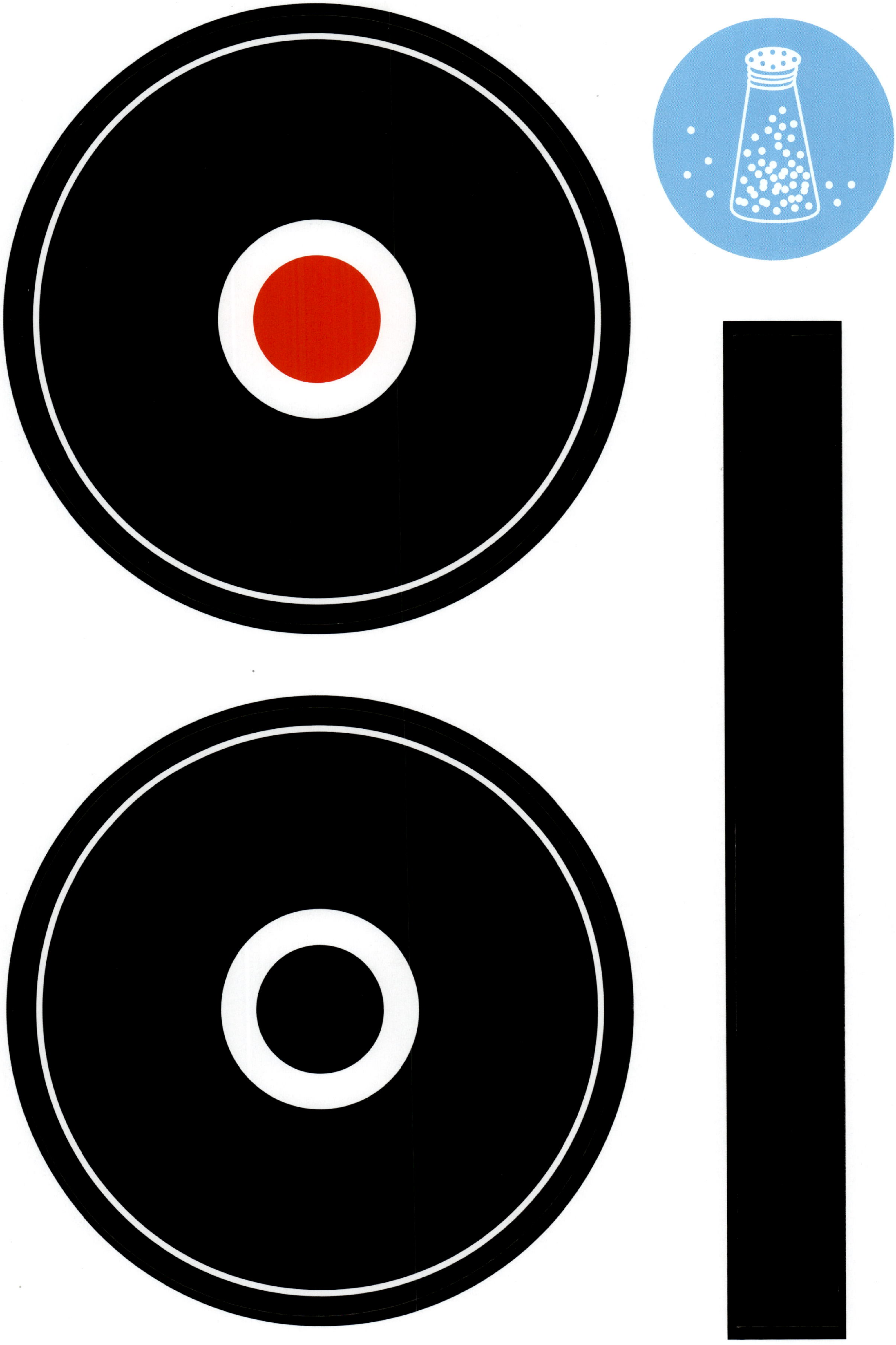

# Kinderherd 2: mit tollen Extras für deine Kinderküche

**Du brauchst:**

- 2 große Pappkartons – für den Herd, das Backblech & die Extras (Der Karton auf dem Foto hat die Maße 42 x 30 x 32 cm.)
- Klebstoff oder Heißkleber
- Schere und Cutter
- durchsichtiges Klebeband oder Malerkrepp
- Lineal und Bleistift
- eine dünne Schnur
- Farben zum Bemalen (z. B. Wasserfarben oder Acrylfarben)

# Schritt für Schritt zu deinem Kinderherd mit tollen Extras

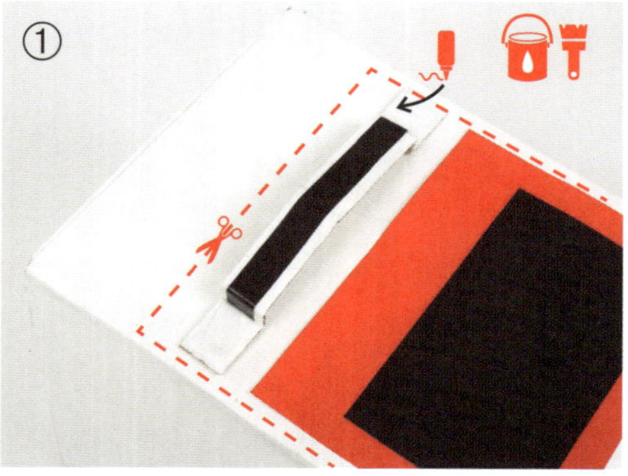


- Folge der Anleitung von Schritt 1 bis 3 für den Kinderherd 1.
- Den Kartonstreifen für den Ofentürgriff schneidest du aus dem Karton aus, den du für die Wandblende und das Backblech verwendest.
- **Tipp:** Wer seinen Kinderherd anmalen möchte, verwendet Malerkrepp zum Fixieren der Seitenteile. Darauf halten die Farben besser!

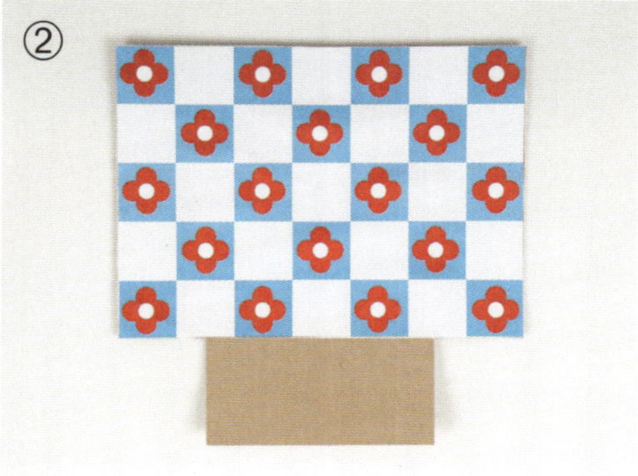


- Klebe den Wandblende-Sticker auf Pappkarton und schneide ihn wie abgebildet aus.

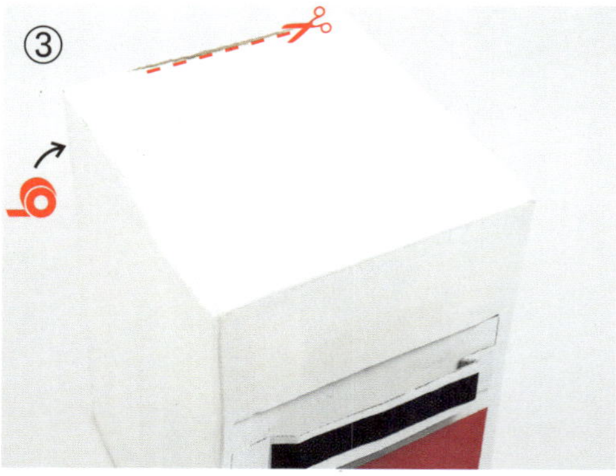


- Schneide eine passende Öffnung in die obere Kante deiner Ofenrückseite, stecke die Wandblende hinein und fixiere sie von innen mit Klebeband.

- Klebe die Drehknöpfe-Sticker auf Karton und schneide sie aus.
- Bohre in jeden Knopf mit der Schere zwei Löcher und markiere mit Bleistift die Stellen am Herd, an denen sie befestigt werden sollen.
- Ziehe die Schnur durch die Knöpfe und mache auf der Rückseite mehrere Knoten. Damit lassen sich die Drehknöpfe später leichter bewegen!
- Bohre nun mit der Schere Löcher in den Herd und befestige die Knöpfe mit der Schnur an der Innenseite.

- Jetzt kommt das Blech dran! Das Blech muss die gleiche Breite haben wie der Herd. Einen Karton nehmen, eine entsprechende Fläche ausschneiden und die Kanten des Blechs nach unten falten.
- Nun kommt das Blech in den Ofen! Platziere es einfach auf den kleinen Seitenteilen. Alternativ lässt sich das Blech auch mit Klebstoff an den Innenseiten des Ofens befestigen.

- Die Herdplatten-Sticker und Küchenutensilien aufkleben – fertig ist dein extratoller Kinderherd!